Bibliografische Information der Deutschen Nationalbibliothek:

Die Deutsche Bibliothek verzeichnet diese Publikation in der Deutschen National-
bibliografie; detaillierte bibliografische Daten sind im Internet über http://dnb.d-
nb.de/ abrufbar.

Impressum:

Copyright © 2010 GRIN Verlag, Open Publishing GmbH
Druck und Bindung: Books on Demand GmbH, Norderstedt Germany
ISBN: 978-3-640-78261-1

Christian Moor

Die Grundlagen von Lese- und Rechtschreibeschwäche (LRS). Ursachen, Folgen und Förderungsmethoden

GRIN Verlag

Fachhochschule Braunschweig/Wolfenbüttel

Die Lese- Rechtschreibschwäche (LRS)

Vorgelegt von:
Christian Moor
09.12.2010

Inhaltsverzeichnis

1. Einleitung

Weltweit gibt es zahlreiche Menschen, die Schwierigkeiten beim Erlernen des Lesens und Rechtschreibens hatten und haben. Für Deutschland wird davon ausgegangen, dass ca. 3 Millionen Deutsche von einer Lese- Rechtschreibschwäche betroffen sind und dies trotz regelmäßigen Schulbesuchs und Beherrschens der deutschen Sprache. Dieses Störungsbild wurde bereits im 19. Jahrhundert durch Augenärzte beschrieben.[1]

2. Begriffserklärung

Zuallererst ist zu klären, was unter LRS, auch „Lese- Rechtschreibschwäche", „Lese- Rechtschreibstörung" oder auch „Legasthenie" genannt zu verstehen ist. Dabei ist festzuhalten, dass es zurzeit keine Einheitlichkeit in Bezug auf die Verwendung von Begriffen und Definitionen für Schwierigkeiten beim Erwerb von Lese- und Rechtschreibfähigkeiten gibt.[2] Es wird aber auf jeden Fall eine Störung/Schwäche bezeichnet, die durch ausgeprägte Schwierigkeiten beim Erlernen des Lesens und/oder Rechtschreibens gekennzeichnet ist[3]. Dabei geht es um normgerechtes Lernen. Die Rechtschreibleistung wird in Beziehung zum IQ oder zum Alter gesetzt. Eine Rechtschreibstörung liegt vor, wenn die Rechtschreibleistung um einen bestimmten Betrag unterhalb dessen liegt, was zu erwarten wäre. Liegt sowohl eine Störung beim Umsetzten von gesprochener zu geschriebener Sprache als auch umgekehrt vor und verfügen die Kinder über eine normale oder sogar überdurchschnittliche Intelligenz, gehen regelmäßig zur Schule, werden dort fachgerecht unterrichtet und sind ansonsten nicht organisch (z.B. durch Hör- oder Sehbehinderung) beeinträchtigt, so spricht man von einer Legasthenie, wobei dieser Begriff wörtlich übersetzt (legere (lateinisch) = lesen/ astheneia (griechisch) = Schwäche) soviel wie Leseschwäche bedeutet. Allerdings wird heute weit mehr darunter verstanden als nur das.

Ca. 5 % aller Kinder eines Jahrgangs könnten Legastheniker sein[4]. Das bedeutet, dass annähernd 200.000 GS-Kinder davon betroffen sind. Auffällig ist, dass Jungen häufiger

---

[1] Vgl.: Thomè, Günther (Hg): Lese- und Rechtschreib- Schwierigkeiten (LRS), Beltz-Verlag, Weinheim, Basel, 2004, S. 64f
[2] Vgl.: ebd
[3] Vgl.: ebd.
[4] Vgl.: BEK, S.3, Thomé: S.65

betroffen sind als Mädchen[5]. Ein ebenso hoher Anteil von Erwachsenen erreicht nicht das Rechtschreibniveau von Viertklässlern[6].

3. Symptome

Im Vordergrund stehen Probleme beim Verschriftlichen von Wörtern und dem Erlesen von einzelnen Buchstaben und Wörtern. Möglich ist auch, dass nur eine dieser Fähigkeiten deutlich eingeschränkt ist. D. h. eine LRS tritt meist erst im 2. oder 3. Schuljahr deutlich zutage. So werden zum Beispiel einzelne Buchstaben weggelassen oder nur Wortruinen verschriftet. Auch das Abschreiben gelingt nicht fehlerfrei. Oft ist die Handschrift unleserlich. Beim Lesen fällt es schwer, einzelne Laute zu verbinden, die Lesegeschwindigkeit ist deutlich herabgesetzt. Beim Vorlesen haben die Kinder oft Mühe zu starten.

In vielen Fällen können sie den Inhalt des Gelesenen nicht wiederholen, sodass sie auch den Textsinn kaum erfassen[7]. Konkret könnte das z.B. so aussehen:

Symptomatik der Lese- und Rechtschreibstörung

Beim Lesen werden folgende Schwächen beobachtet:

- Schwierigkeiten, Buchstaben konkret zu benennen und das Alphabet aufzusagen
- Auslassen, Ersetzen, Verdrehen oder Hinzufügen von Wörtern oder Wortteilen
- Niedrige Lesegeschwindigkeit
- Startschwierigkeiten beim Vorlesen, langes Zögern oder Verlieren der Zeile im Text.
- Ersetzen von Wörtern durch ein in der Bedeutung ähnliches Wort
- Unfähigkeit, Gelesenes wiederzugeben

  Unfähigkeit aus Gelesenem Zusammenhänge zu erkennen und Schlussfolgerungen zu ziehen.

Beim Rechtschreiben werden folgende Schwächen beobachtet:

- Fehler beim mündlichen Buchstabieren
- Schwierigkeiten beim Schreiben von Buchstaben, Wörtern und Sätzen
- Hohe Fehlerzahl bei ungeübten Diktaten
- Hohe Fehlerzahl beim Abschreiben von Texten

---

[5] Im Verhältnis 3 : 1
[6] Vgl.: BEK, S.3
[7] Vgl.: BEK, S.2

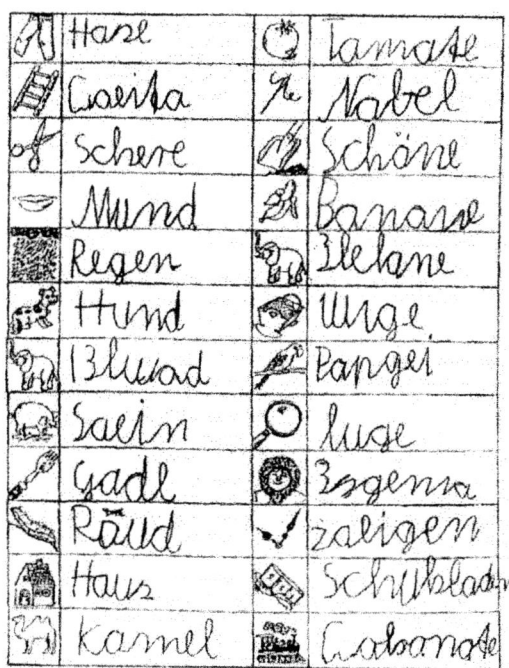

	Hase		Tamate
	Coeila		Nabel
	Schere		Schöne
	Mund		Banane
	Regen		Elefane
	Hund		Urige
	Bluad		Pappei
	Saein		luse
	Gadl		Zsgenna
	Raud		zaligen
	Haus		Schulbladm
	Kamel		Caloonate

8

Teilleistungsstörungen zeigen sich jedoch schon im Kindergartenalter. So zum Beispiel, wenn ein Kind ein Wort nicht lautgetreu nachsprechen kann oder Schwierigkeiten hat, Bilder zu zeigen, die ähnlich klingende Wörter darstellen.

4. Folgen

Da Lesen für die Informationsaufnahme grundlegend ist, sind Kinder mit einer LRS- Störung oft in allen Schulfächern benachteiligt. Werden beim Rechnen Textaufgaben gestellt, treten auch hier Schwierigkeiten auf, obwohl eigentlich keine Rechenschwäche vorliegt. Die Schwierigkeiten beim Lesen und Rechtschreiben fallen auch bei den Hausaufgaben auf. Das führt nicht selten dazu, dass verstärkt geübt wird. Obwohl etwas getan wird, macht das Kind keine oder nur geringe Fortschritte, was wiederum zu Spannungen zwischen Kind und Eltern

---

[8] Siehe Thomé: S. 30

führen kann. Infolgedessen können beim Kind psychische Probleme in Form, wie z. B. Angst oder Herumkaspern die Folge sein.

Zusammengefasst kann man sagen: „Wird die Legasthenie nicht erkannt (oder zu wenig Rücksicht darauf genommen), werden legasthenische Kinder schnell als minderbegabt oder faul abgestempelt. Das gefährdet nicht nur den allgemeinen Schulerfolg, sondern führt auch oft zu seelischen Problemen, die sich in Schulverweigerung, depressiven Störungen, häufigen Kopf- und Bauchschmerzen oder einer erhöhten Aggressivität äußern können."[9]

5. Ursachen

Die Ursachen einer LRS sind bis heute nicht restlos geklärt. Manche Kinder, die leichte Leserechtschreibprobleme haben, waren beim Lesenlernen vielleicht länger krank oder unkonzentriert, evtl. wurde zu wenig geübt oder sie waren von ihrer Entwicklung her noch nicht reif genug. Die LRS- Schwäche kann aber auch durch Hör- oder Sehprobleme, leichte Hirnschäden oder eine Genveränderung auftreten. Es gibt Hinweise darauf, dass Legasthenie vererbt werden kann. Legastheniker haben häufig mindestens ein Elternteil mit dieser Störung.

Wie Untersuchungsverfahren gezeigt haben, sind bei Legasthenikern jene Gehirnregionen unterdurchschnittlich aktiv, die für die Sprachvernehmung zuständig sind. Die Hauptschwierigkeit besteht darin, akustische und visuelle Lautinformationen in einen richtigen Zusammenhang zu bringen[10].

6. Diagnostik

Deutlich zutage tritt eine LRS meist erst im 2. oder 3. Schuljahr. Eine zuverlässige Diagnostik ist demnach erst nach dem 2. Schuljahr möglich. Ziel dieser Diagnostik ist es, die Ausprägung der Schwäche eines Kindes zu erkennen und auf dieser Grundlage den individuellen Förderbedarf zu ermitteln. Sie sollte von Spezialisten, Psychologen und Ärzten durchgeführt werden.

Zur Diagnostik gehören:

- Anamnese (Eltern)
- Schulbericht über den Leistungsstand und die Lernentwicklung des Kindes.
- Standardisierte Lese- und Rechtschreibtests

---

[9] BEK. S. 2
[10] Vgl.: BEK. S. 3

6

- Standardisierte Intelligenztests
- Überprüfung der Artikulation (Lautbewusstsein) und des Sprachverständnisses.
- Neurologische und Internistische Untersuchung (einschließlich Hör- und Sehtest)

Anhand der Gesamten Untersuchungsergebnisse wird entschieden, ob eine LRS vorliegt. Das Vorgehen hierbei ist aber nicht einheitlich. Und je nach Ergebnis können unterschiedliche Fördermaßnahmen getroffen werden.

7. Förderung

7.1. Aspekte für eine Förderung

Ein Förderansatz orientiert sich auf Grund der Komplexität des Störungsbildes an den folgenden Aspekten:

- Form der Störung (Lese- und Rechtschreibstörung, isolierte Lese- oder Rechtschreibstörung)
- Schweregrad der Störung
- Stand in Der Schriftspracheentwicklung
- Vorliegen von komorbiden Störungen (z. B. hyperkinetische Störung)
- Alter des Kindes
- Soziales Umfeld (z. B. häusliche Unterstützung und Förderung)
- Schulisches Umfeld. (z. B. Angebot von Förderunterricht und Fördergruppen).

Zur Versorgung eines „LRS- Kindes" ist insbesondere die Kooperation der Eltern mit der Schule wichtig ggf. auch mit einer therapeutischen Einrichtung. Ziel ist es unter anderem die betroffenen Kinder von Versagensängsten zu befreien. Fördermaßnahmen sollen das Kind vom Leistungsdruck entlasten und seine Schwachstellen ausgleichen. Als Hilfe können Techniken zur Informationsaufnahme erlernt werden, sodass auch mit dieser Teilleistungsschwäche erfolgreiche Schulabschlüsse möglich sind.

7.2. Konzeptionelle Einordnung

Die Fördermöglichkeiten können nach verschiedenen Gesichtspunkten differenziert werden. Je nach Diagnose liegen zum Beispiel Defizite in der Wahrnehmung (auditiv, visuell) vor. Es wird versucht, diese Defizite zu behandeln um dadurch die Voraussetzung für das Erlernen der Schriftsprache zu verbessern. Dem gegenüber stehen symptomspezifische Förderprogramme, die in der Regel Teilprozesse des Lesens und Rechtschreibens fördern (z. B. Programme zur Verbesserung des Lautbewusstseins oder Rechtschreibregeltraining). Das Programm wird sich am Entwicklungsstand des Kindes orientieren.

7.3. Vorschulische und Schulische Förderung

Die Arbeit mit Sprech- und Sprachaufgaben im Kindergarten fördert die Entwicklung der Sprachkompetenz. Es geht dabei z. B. um Vorlesen von Kinderbüchern, Sprachspiele und Reime um das Interesse an Schrift zu wecken. D. h. es geht um die Förderung des phonologischen Bewusstseins (z. B. Reime) aber auch darum, Kinder aus schriftfernen Elternhäusern mit ungünstigen häuslichen Lernbedingungen zu fördern. Im schulischen Bereich kann eine Förderung sowohl im regulären Klassenunterricht (schwierig bei großen Klassen) als auch in Fördergruppen vorgenommen werden. Auch dabei ist die Größe und Zusammensetzung der Gruppe entscheidend. Je nach Alter und Diagnose umfassen die Übungen auch hier das Hör- und Sprechtraining, die Verbindung von Lauten und Buchstaben sowie die Verbindung von Lernstrategien.

7.4. Außerschulische Förderung

Grundsätzlich ist es schon Aufgabe der Schule, Kindern das Lesen und Schreiben beizubringen. Viele Kinder, gerade auch LRS-Kinder , brauchen zusätzliche Förderung. Deshalb ist generell eine außerschulische Förderung als sinnvoll zu erachten.

In der Folge fühlen Eltern sich dann nicht mehr so sehr in der Pflicht, über das Schulische hinaus mit ihren Kindern zu arbeiten und damit wird Druck weggenommen. Man kann die Förderung Fachleuten überlassen und die Fördermaßnahmen können ganz individuell abgestimmt sein. Die Kosten werden oft von den Kommunen übernommen.

Allerdings muss man auch sehen, dass es ein zusätzlicher Termin ist und die Kinder weniger Freizeit haben.

7.5. Dauer und Umfang der Förderung

Die Förderung sollte regelmäßig durchgeführt werden und mindestens 2 Jahre dauern. Wöchentlich sollte sie nicht weniger als 2 Stunden betragen und spielerischen Charakter haben. Wichtig ist auch die Einsicht, dass keine kurzfristigen Erfolge zu erzielen sind. Eine Legasthenie besteht im Prinzip lebenslang.

7.6. Förderprogramme und Methoden

Das auf den freien Markt angebotene Fördermaterial ist sehr umfangreich und kaum überschaubar. Es ist darauf zu achten, dass das Material evaluiert wurde und man somit Rückmeldung über die Wirksamkeit hat. Als ein Vorschulprogramm ist das Würzburger Förderprogramm „Hören, Lauschen, Lernen" zu nennen.

Im Folgenden werden die Übungsabschnitte kurz dargestellt:

- <u>Lautspiele</u>

Kinder sollen sich auf Geräusche konzentrieren und genau zuhören.

- Reime

Die formale Struktur der Sprache wird beachtet.

- Sätze und Wörter

Sätze lassen sich in Wörter zerlegen, Wörter zu neuen Wörtern verbinden. (Schnee + Mann = Schneemann)

- Silben

Wörter lassen sich in Silben zerlegen (Analyse)

Silben lassen sich zu Wörtern verbinden. (Synthese)

(Silben klatschen und zu einem Wort verbinden (E-LE-FANT))

- Anlaute

Anlaute werden gedehnt gesprochen

(Wörter mit gleichem Anlaut aus Bildkarten heraussuchen)

- Phoneme

Kinder lernen sich auf Laute innerhalb eines Wortes zu konzentrieren.

(kurze Wörter werden in Einzellauten genannt. Kinder wiederholen und nennen das Wort (H-U-T))

Die Übungen dieses Programms werden täglich in 10 - 15-minütigen Sitzungen über den Zeitraum von 20 Wochen mit Vorschulkindern in Kleingruppen durchgeführt.

7.7. Leistungsbewertung

Grundsätzlich haben Eltern die Möglichkeit, bei der Schulleitung einen Nachteilsausgleich zu beantragen. (GS: Deutsch, Mathe, evtl. Fremdsprache; Weiterführende Schule: Deutsch, evtl. Fremdsprache) Möglich wäre für einen festgelegten Zeitraum die Benotung des Kindes bei Lese- und Rechtschreibleistungen auszusetzen, dem Kind bei schriftlichen Arbeiten und Lernkontrollen mehr Zeit zu geben oder Hilfsmittel zu erlauben. Auch wäre eine stärkere Gewichtung der mündlichen Leistung möglich. Allerdings unterliegen alle Schüler in der Regel den für alle geltenden Maßstäben der Leistungsbewertung.

8. Fazit

Eine LRS lässt sich nicht mit Medikamenten behandeln und ist auch in fast allen Fällen, auch nicht nach Zeiten des Übens und Trainierens verschwunden. Man hat sie sein Leben lang. Aber eine frühe individuelle Förderung kann dazu beitragen, diese Störung weitestgehend auszugleichen, bzw. entsprechend selbstbewusst damit umzugehen und auch am gesellschaftlichen Leben entsprechend teilzunehmen.

9. Literaturverzeichnis

- BEK, Artikel Legasthenie: unter: www.barmer-
  gek.de/barmer/web/portale/versicherte/wissen
- Legasthenie-Erlass Niedersachsen,
  gefunden unter: Institut für integratives Lernen und Weiterbildung
- Thomè, Günther (Hg): Lese- und Rechtschreib- Schwierigkeiten (LRS), Beltz-Verlag,
  Weinheim, Basel, 2004